Lehen Hezkuntza

Koadernoa 3

Luis Ferrero de Pablo
Pablo Martín Martín
José Manuel Gómez Quesada

Aurkibidea

9 Proportzionaltasuna eta ehunekoak **4**

Magnitude zuzenean proportzionalak

Zatikiak, hamartarrak eta ehunekoak

Ehuneko handiagotzeak eta txikiagotzeak

10 Sistema metriko hamartarra **9**

Sistema metriko hamartarra

Luzeraren neurri-unitateak

Edukieraren neurri-unitateak

Masaren neurri-unitateak

Adierazpen konplexuak eta ez-konplexuak

Adierazpen konplexuen batuketak eta kenketak

11 Forma lauak eta espazialak **16**

Poligonoak. Elementuak eta sailkapena

Triangeluen sailkapena

Laukien sailkapena

Zirkunferentzia eta zirkulua

Zuzen eta zirkunferentzien posizioak

Poliedroak

Prismak eta piramideak

Zilindroak, konoak eta esferak

12 Perimetroak eta azalerak **25**

Gainazalaren neurria

Gainazal-unitateak

Karratuaren perimetroa eta azalera

Laukizuzenaren perimetroa eta azalera

Erronboidearen eta erronboaren azalerak

Triangeluaren perimetroa eta azalera

9 Proportzionaltasuna eta ehunekoak

Ander eta Maider merkataritza-zentroan hara eta hona dabiltza. Bihar mozorro-jai bat egingo dute eta zenbait gauza behar dituzte.

Magnitude zuzenean proportzionalak

1 Osatu taulak, zuzenean proportzionalak izateko falta diren zenbakiak idatzita.

Kaxa-kop.	1	2		8	
Puxika-kop.	80		240	320		960

Zuku briken kop.	1	2			10	
Litro kantitatea		3	7,5	12	15	22,5

Gogoratu

Bi magnitude **zuzenean proportzionalak** dira horietako bat zenbaki batekin biderkatu edo zatitzen dugunean bestea ere zenbaki berarekin biderkatzen edo zatitzen denean.

> Maider jostailu-dendan geratu da, eraikuntza-jokoak ikusten. Zenbat gustatzen zaizkion!

2 Maiderri piezekin harresiak eta gazteluak eraikitzea bururatu zaio. Eraikinak proportzionalki handitzen dira? Zenbat pieza beharko ditu hurrengo bi irudiak egiteko?

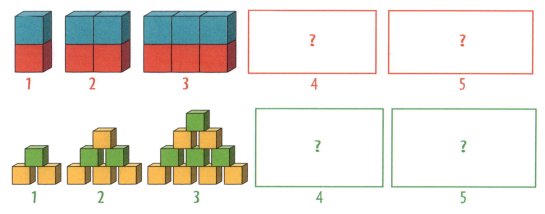

> Errezeta erraz bat ere pentsatu dute jairako, baina osagaiak behar dituzte.

3 Mota bakoitzeko zenbat osagai behar dute zortzi pertsonarentzako pastela egiteko? Eta hamabirentzako pastela egiteko?

Lau pertsonarentzako pastel japoniarra

- 3 arrautza
- 120 gramo txokolate zuri
- 120 gramo gazta-krema

Zatikiak, hamartarrak eta ehunekoak

> Jairako gauzen bila, mozorro-dendara ere sartu dira.

1 Margotu eremu bakoitza adierazitako kolorearekin, eta aurkitu Anderrek zer mozorro probatu duen.

Horiz → 1/2
Berdez → 1/4
Gorriz → %75
Urdinez → 3/5
Beltzez → 8/10
Zuriz → %10
Grisez → 1/10
Arrosaz → 2/5
Morez → 1/5

Gogoratu

Ehunekoak izendatzailean 100 duten zatiki hamartarrak dira. Adibidez:

$$\frac{25}{100} = \frac{1}{4}; \quad \frac{25}{100} = 0,25;$$

$$\frac{25}{100} = \%25$$

Ehuneko hogeita bostek ehun partetik hogeita bost adierazten ditu.

2 Osatu taula.

Kolorea	Lauki-kop.	Zatikia	Hamartarra	Ehunekoa
Zuriz	12			
Beltzez		6/100		
Gorriz			0,04	
Urdinez				%7
Horiz				

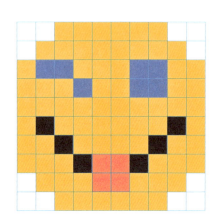

3 Merkataritza-zentroan hara eta hona ibili direla, Anderrek hau irakurri du: «Astelehenez hasten diren hilen %100ean, ostirala 13 bat egoten da». Izan daiteke egia? Egia da beti betetzen dela? Zergatik?

Ehuneko handiagotzeak eta txikiagotzeak

Merkealdiko preziorik onenak lortu nahi dituztenez, merkataritza-zentrora joan aurretik ehunekoak lantzen aritu dira.

1 Osatu taula.

Hasierako prezioa	Ehunekoa	Amaierako prezioa
125	−%20	
75	+%30	
295	−%35	
44	+%45	
1 300	−%33	

Gogoratu

Kantitate baten **ehuneko hainbeste** kalkulatzeko:

1. Kantitatea «hainbeste» horrekin biderkatzen dugu.
2. Emaitza hori 100ekin zatitzen dugu.

Ondoren, handiagotzea bada, batu egiten dugu; eta txikiagotzea bada, kendu.

Merkataritza-zentroak labirinto bat ematen du batzuetan.

2 Dendek osatzen duten labirinto horretatik irteteko, egin kalkuluak eta zoaz laukiz lauki.

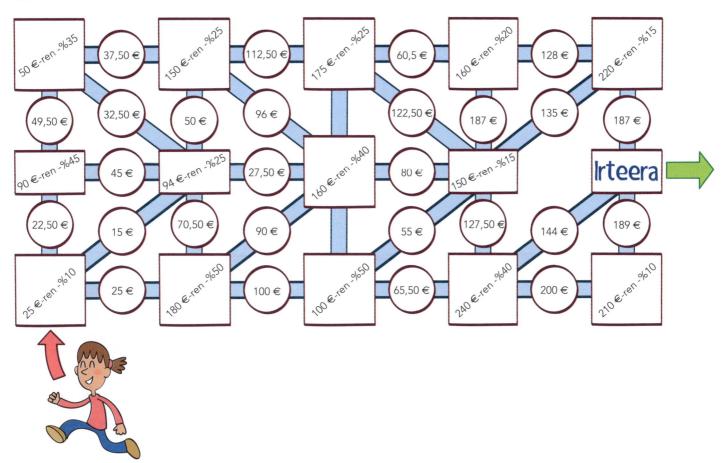

3 Beherapenetan, udarako eta datorren ikasturterako beharko dituzte gauza batzuk ere aurkitu dituzte. 100 €-ko aurrekontua dutela jakinda, zein erosi ahal izango dituzte? Diru hori edukita, zein aukeratuko zenituzke zuk?

....

4 Maiderri aitak diru apur bat eman dio erosketetara joan aurretik. Hau esan dio: «Zer nahiago duzu, 20 €-ren % 75 ematea edo 75 €-ren % 20 ematea?». Badakizu zer kantitate den hobea? Zergatik?

....

5 Anderrek 1 L-ko botila bat ur darama motxilan sartuta. Lehenengo % 20 edan du, eta gero, geratzen denaren % 30. Zenbat edan du: botilako uraren erdia, erdia baino gehiago edo gutxiago?

....

8

10 Sistema metriko hamartarra

Ingelesa hobetzeko Dublinera joan aurretik, Ane Irlandako hiriburuan hil batez bere familia izango denarekin harremanetan jarri da. Internet bidez, Kevin ezagutu du.

Sistema metriko hamartarra

> Anek eta Kevinek neurri-sistema desberdinak dituzte eta, beraz, aurrena, bata bestearen sistemen berri ezagutzen aritu dira.

1 Hona hemen Anek eta Kevinek elkarrekin trukatu dituzten neurrien adibide batzuk. Esan zer sistema metrikotakoa den neurri bakoitza, hamartarra edo anglosaxoia:

15 hazbete   2 L   63 libera   12 m   4 oin

Sistema metriko hamartarra: ....

Sistema metriko anglosaxoia: ....

Gogoratu

Sistema metriko hamartarra neurri-sistema unibertsala da eta ia mundu osoan erabiltzen da.

2 Aneren gurasoek eta nebak bidaia-maleta bat oparitu nahi diote.

Adierazi zer magnitude dagokion galdera bakoitzari:

- Zenbat sartzen da? ....
- Zer altuera du? ....
- Zer pisu du? ....

3 Osatu taula:

Magnitudea	Luzera	Edukiera	Masa
Unitate nagusia			

Luzeraren neurri-unitateak

Anek ikasi nahi dituen lehenengo neurri-unitateak luzerakoak dira, Kevinen etxea zer distantziara dagoen jakiteko.

Gogoratu

Metroa (m) luzeraren neurri-unitate nagusia da.

1 Lagundu Aneri honako hauek neurtzeko luzera-unitate egokiena aukeratzen:

	Multiploak				Azpimultiploak		
	km	hm	dam	m	dm	cm	mm
Zuhaitz baten altuera				✗			
Txanpon baten lodiera							
Ate baten zabalera							
Dublin eta Kordoba arteko distantzia							

2 Adierazi luzera-neurri hauek metrotan eta ordena itzazu handienetik txikienera:

720 dm   0,072 hm   0,027 km   270 cm   2,07 dam

.... > .... > .... > .... > ....

3 Zer opari eramango dio Anek Kevini? Oparia aurkitzeko, margotu eragiketa hauen emaitzak idatzita dituzten guneak:

a) 2,7 hm = ... m

b) 750 cm = ... m

c) 650 mm = ... m

d) 36 dam = ... m

e) 0,04 km = ... m

f) 28 dm = ... m

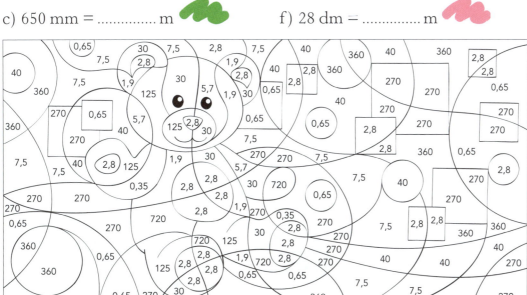

11

Edukieraren neurri-unitateak

Anek badaki Dublinen bestelako neurri-unitate batzuk erabiltzen dituztela edukiera neurtzeko. Horregatik, egunero erabiltzen dituenak ondo berrikustea erabaki du.

1 Inguratu erantzun zuzena:

1 hL - 1 L   33 L - 33cL   1 hL - 1 L   2 L - 2 dL

Gogoratu

Litroa (L) edukieraren neurri-unitate nagusia da.

Litroaren multiploak
Kilolitroa (kL) = 1 000 L
Hektolitroa (hL) = 100 L
Dekalitroa (daL) = 10 L

Litroaren azpimultiploak
Dezilitroa (dL) = 0,1 L
Zentilitroa (cL) = 0,01 L
Mililitroa (mL) = 0,001 L

2 Lotu gezien bidez:

250 hL   2 500 L
25 cL   25 L
250 daL   25 000 L
2 500 dL   250 L
0,025 kL   0,25 L

3 Kevin bizi den auzoko hiru etxetan igerilekua dute. Batek 63 000 L-ko edukiera du; beste batek, 400 hL-koa, eta besteak, 157 000 cL-koa. Hiru igerilekuetako zeinetan sartzen da ur gehien?

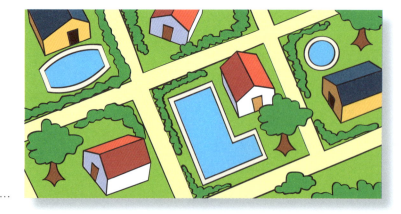

12

Masaren neurri-unitateak

Dublinerantz abiatu aurreko egunean, Anek maletak prestatu ditu. Eskuko maletak eta fakturatuko duenak zer pisu duten neurtu du, aire-konpainiak jarrita dituen mugak ez gainditzeko.

1 Inguratu erantzun zuzena:

29 g - 29 kg   300 g - 300 kg   20 g - 20 kg

> **Gogoratu**
>
> **Gramoa (g)** masaren neurri-unitate nagusia da.
>
> **Gramoaren multiploak**
>
> Kilogramoa (kg) = 1 000 g
>
> Hektogramoa (hg) = 100 g
>
> Dekagramoa (dag) = 10 g
>
> **Gramoaren azpimultiploak**
>
> Dezigramoa (dg) = 0,1 g
>
> Zentigramoa (cg) = 0,01 g
>
> Miligramoa (mg) = 0,001 g

2 Anek, maletak egiten hasi denean, kontuan hartu du eskukoak ezin dituela 10 kg baino gehiago izan, eta fakturatuko duenak, 20 kg baino gehiago. Erreparatu irudiari eta erantzun galdera hauei:

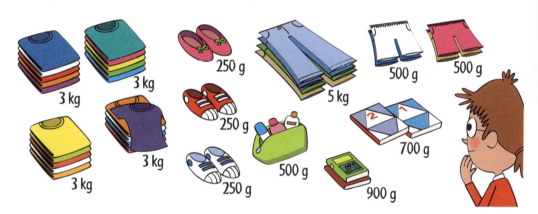

- Eraman ahalko du nahi duen guztia bi maletetan? Nola gorde behar du?

  ....

  ....

- Kevinek gogora ekarri dio Irlandan masa liberatan neurtzen dutela. Libera bat 0,460 kg direla jakinda, kalkulatu zenbateko pisua eraman dezakeen bi maletetan guztira Anek, liberatan.

  ....

13

Adierazpen konplexuak eta ez-konplexuak

> Aireportuko megafoniatik iragarri dutenez, Aneren hegaldiak atzeraldia du, eta hasieran zehaztuta zegoen baino beranduago irtengo da. Denbora-tarte hori arinago egiteko, Anek osteratxoa egin du terminalean.

1 Anek aireportuko dendetan ikusi dituen etiketei erreparatu die: batzuetan neurri-unitate bakarra ageri da, eta beste batzuetan, bi unitate edo gehiago:

   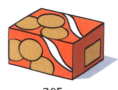

0,75 L   5 dm 5 cm   3 dag 8 g 5 dg   395 g

Osatu taula, neurriak forma konplexuan eta ez-konplexuan adierazita:

Adierazpen konplexua	k	h	da	U	d	c	m	Adierazpen ez-koplexua
3 dag 8 g 5 dg →			3	8	5			→ ....
.... →								→ 0,75 L
5 dm 5 cm →								→ ....
.... →								→ 395 g

2 Hegazkinera igo baino lehen, bi kantinplorak urez bete ditu. Batek hiru litro laurdeneko edukiera badu, eta besteak, litro eta erdikoa, zenbat ur geratuko da bidoian?

Geratuko dira: ....

3 Entretenitzeko daraman liburuetako batean, Anek igarkizun hau aurkitu du: «Zortzi bola hauetako batek gainerakoek baino gramo bat gehiago du. Ez dakit zein den. Azaldu nola aurkitu, platertxodun balantza batean bi pisaldi eginda».

....

....

....

14

Adierazpen konplexuen batuketak eta kenketak

> Hegazkinean, Anek eragiketak eta problemak egin ditu bidaiak iraungo duen denbora arintzeko.

1 Egin eragiketa hauek eta adierazi emaitzak metrotan:

a) 3 km 450 m → .... m
   + 1 km 30 dam → + ... m
   .... m

b) 6 km 40 hm → .... m
   − 4 km 2 dam → − .... m
   .... m

Gogoratu

Forma konplexuan adierazitako kantitateak batzeko edo kentzeko, eragiketak egin baino lehen, komeni da kantitate guztiak neurri-unitate berera igarotzea.

2 Egin eragiketa hauek eta adierazi emaitzak litrotan:

a) 2 kL 75 L → L
   + 9 hL 6 daL → + ... L
   L

b) 1 kL 750 hL → L
   − 9 daL 5 L → − L
   L

3 Egin eragiketa hauek eta adierazi emaitzak gramotan:

a) 6 hg 2 dag → .... g
   − 9 dag 7 g → − .... g
   .... g

b) 3 g 2 dg → .... g
   + 8 g 35 cg → + ... g
   .... g

4 Anderrek 750 metro egin ditu. Helmugara iristeko oraindik 2 km 550 m falta bazaizkio, zenbateko luzera du gaurko etapak?

....

5 Ainhoak 5 daL 8 L ur atera ditu depositutik landareak ureztatzeko. Zenbat litro ur geratu dira depositutan?

....

6 Marramiauk 2 kg 290 g ditu; eta Xapik, 5 kg 850 g. Zer pisu dute guztira biek batera?

....

Forma lauak eta espazialak

Lehen Hezkuntzako bosgarren mailakoak Parisera joan dira ikasturte amaierako bidaian. Eta Egipton dauden piramideen moduko bat aurkitu dute!

Poligonoak. Elementuak eta sailkapena

> Bidaian zehar eskolarako lan bat egin behar dute: aurkitzen dituzten mota bakoitzeko poligono guztiak marraztu behar dituzte koadernoan.

1 Joanesek poligono hau irudikatu du eta honako hau egiteko eskatu dizu: lehenengo, aldeak gorriz errepasatu; gero, angeluak adierazi; eta amaitzeko, diagonal guztiak marraztu.

Erantzun:

Zenbat diagonal marraztu dituzu? ....

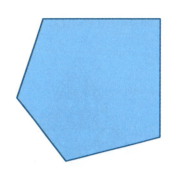

Gogoratu

Poligonoa zuzenen zuzenkiz mugaturiko irudi laua da.

2 Lagundu Maddaleni honako taula hau osatzen:

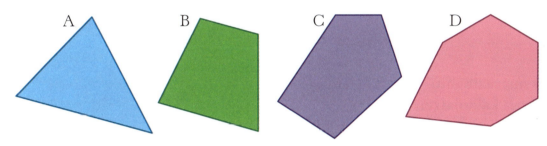

	Poligonoa	Alde-kop.	Angelu-kop.	Diagonal-kop.
A	Triangelua			
B				
C				
D				

3 Sailkatu poligono hauek ahurrak edo ganbilak diren arabera:

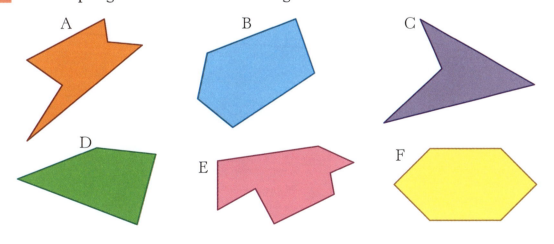

Gogoratu

Poligono bat **ahurra** da 180°-tik gorako anguluren bat badu. Bestela, **ganbila** da.

Ahurrak: ....   Ganbilak: ....

Triangeluen sailkapena

Denean daude triangeluak: gosaritan, kaleetako musikan, jolasetan… Baita arropa eskegitzean ere!

1 Koldok triangelu hauek sailkatu nahi ditu. Lagundu iezaiozu.

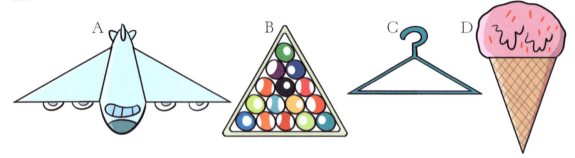

Gogoratu

Triangelu baten hiru angeluen arteko batura 180° da.

A. Eskalenoa eta angelukamutsa.   C. ....

B. ....   D. ....

2 Asierrek triangelu hauek marraztu ditu. Lagundu iezaiozu kasu bakoitzean falta den angeluaren neurria kalkulatzen.

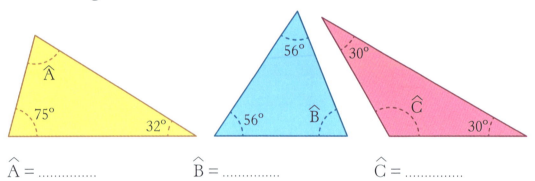
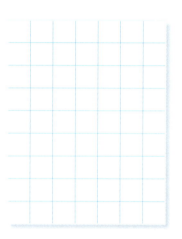

$\widehat{A}$ = ... $\widehat{B}$ = ... $\widehat{C}$ = ...

3 Irudikatu triangelu hauek:

- 5, 3 eta 4 cm-ko aldeak dituen triangelu bat.
- 12 cm-ko perimetroa duen triangelu aldekide bat.

Aldeen arabera .... da.   Zer neurri du alde batek? ....

Laukien sailkapena

> Laukiak ere ez daude gutxiago. Ikasleek objektu desberdin mordoa irudikatu ahal izan dituzte!

1 Ainhoak lauki hauek irudikatu ditu. Idatzi bakoitzaren izena.

Gogoratu

Lauki baten lau angeluen arteko batura 360° da.

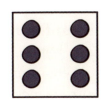  

....

....

2 Kalkulatu zer neurri duen kasu bakoitzean falta den angeluak.

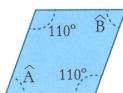 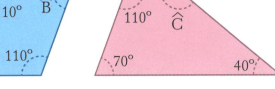 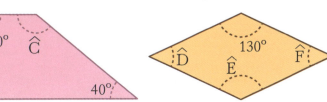

$\widehat{A}$ = ... $\widehat{C}$ = ... $\widehat{D}$ = ...

$\widehat{B}$ = ... $\widehat{E}$ = ... $\widehat{F}$ = ...

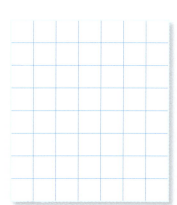

3 Marraztu lauki hauek:

• 4 cm-ko aldea duen karratu bat.

• 4 cm eta 6 cm-ko diagonalak dituen erronbo bat.

1 cm

 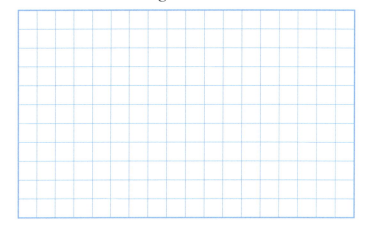

19

Zirkunferentzia eta zirkulua

«Eskultura honen begia zer da, zirkunferentzia bat edo zirkulu bat?», itaundu du Asierrek.

1 Aztertu eta erantzun:

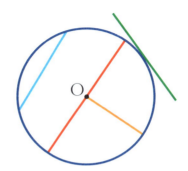

- O puntua zirkunferentziaren .... da.
- Zuzenki gorria .... bat da.
- Zuzenki urdina .... bat da.
- Zuzenki berdea .... bat da.
- Zirkunferentzia zati bat .... bat da.

Gogoratu

Zirkunferentzia kurba bat da, itxia eta laua, eta puntu guztiak zentro izeneko barruko puntutik distantzia berera ditu.

Zirkulua zirkunferentziak mugatzen duen gainazal laua da.

2 Marraztu 1,5 zentimetroko erradioa duen zirkulu bat. Irudikatu bi diametro perpendikular. Ondoren, lotu diametroen muturrak.

Erantzun:

- Zer luzera du diametroak? ....
- Zer irudi lortu duzu diametroen muturrak lotzean?

  ....

3 Idatzi zuzena (Z) edo okerra (O) den.

- Erradioaren luzera diametroaren luzeraren erdia da. ....
- Zirkunferentzia baten korda guztiek neurri bera dute. ....
- Diametroa edozein bi erradiok eraturiko zuzenkia da. ....
- Diametroak bi zati berdinetan zatitzen du zirkulua. ....
- Arkua zirkuluaren zati bat da. ....

Zuzen eta zirkunferentzien posizioak

> Marrazteaz gainera, beste gauza batzuk ere egin dituzte bidaia honetan. Tandemean ibili dira!

1 Zehaztu ondorengo posizioak.

Gogoratu
Zuzen baten eta zirkunferentzia baten posizioak:
- **Ebakitzaileak.**
- **Ukitzaileak.**
- **Kanpokoak.**

- Nolakoa da lerro gorriaren eta aurreko gurpilaren posizioa?

  ....

- Eta lerro urdinarena eta zirkunferentzia horiarena? ....

- Marraztu bi gurpilekiko ukitzailea den lerro bat.

2 Peruk bizikleten gurpilak irudikatu ditu. Identifikatu eta idatzi zirkunferentzia pare bakoitzaren posizioa.

Gogoratu
Bi zirkunferentzia izan daitezke:
- **Barnekoak, kanpokoak** edo **zentrokideak.**
- **Ukitzaileak.**
- **Ebakitzaileak.**

....

3 Irudikatu.

- Bi barne-zirkunferentzia.
- Bi zirkunferentzia ebakitzaile.

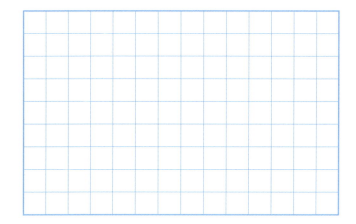 

21

Poliedroak

> Lagundu adiskideei lan hauek egiten.

1 Margotu poliedroak diren gorputzak.

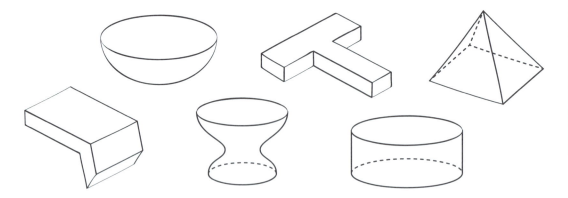

Gogoratu

Poliedroak aurpegi guztiak lauak dituzten gorputz geometrikoak dira.

Poliedroen aurpegiak poligonoak dira.

2 Sailkatu gorputz hauek poliedroak diren edo ez diren aintzat hartuta:

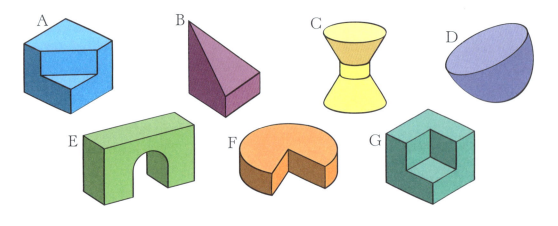

A: .... D: .... G: ....

B: .... E: ....

C: .... F: ....

3 Idatzi gorputz hauen aurpegi, erpin eta ertz kopurua:

	A	B	C	D
Aurpegi-kop.				
Erpin-kop.				
Ertz-kop.				

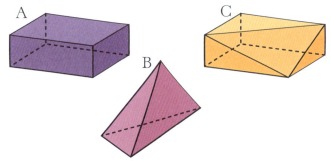
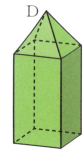

22

Prismak eta piramideak

> Gero, oso jolas dibertigarria egin dute: 3Dko irudiak muntatu dituzte!

1 Margotu gorriz prismak, eta urdinez piramideak.

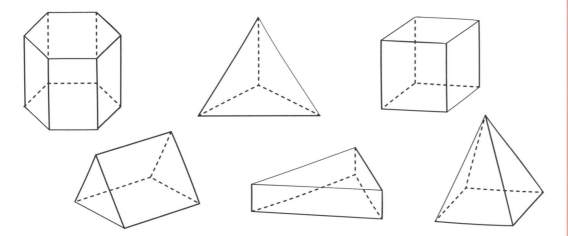

Gogoratu

Prismak bi oinarri eta alboko aurpegietan paralelogramoak dituzten poliedroak dira.

Piramideak oinarri bat eta alboko aurpegietan triangeluak dituzten poliedroak dira.

2 Idatzi gorputz hauen aurpegi, erpin eta ertz kopurua:

	A	B	C	D
Aurpegi-kop.				
Erpin-kop.				
Ertz-kop.				

3 Margotu kolore berarekin gorputza eta hari dagokion garapena.

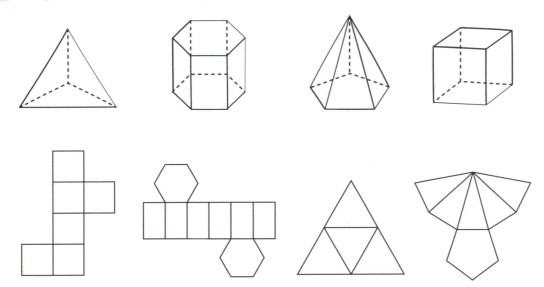

23

Zilindroak, konoak eta esferak

> Eta irudi lau batzuk biraraztean zer gertatzen den ere ikusi dute. Zirraragarria da!

1 Gorputz hauek irudi lau bat haren ardatzaren inguruan biraraztean lortu dira:

 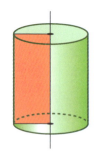 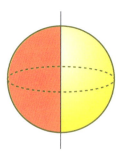

Gogoratu

Zilindroa, konoa eta esfera **biraketa-gorputzak** dira eta irudi lau bat biraraztean lortzen dira.

Osatu taula:

Gorputza	Zer irudik sortzen du?
Konoa	....
....	Laukizuzena
....	....

2 Idatzi zilindroaren eta konoaren elementuen izenak.

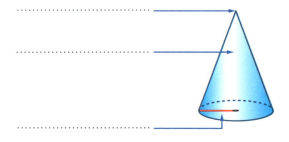 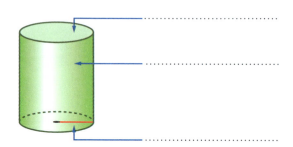

3 Aztertu nola eraikitzen den kono baten gainazala.

1. Zirkunferentzia bat eta bi erradio marraztu.
2. Sektoreetako bat ebaki.
3. Sektorea tolestu eta kartulina batean itsatsi.

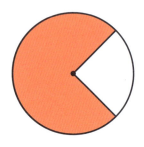  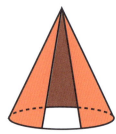

Eraiki paperean kono baten garapena.

12 Perimetroak eta azalerak

Oierri ikaragarri gustatzen zaizkio matematikako edukiak dituzten bideo-jokoak.

Gainazalaren neurria

> Oierrek gogokoen duen bideo-jokoetako bat hainbat tamainatako bloke geometrikoak elkarrekin ahokatzeko jokoa da.

1 Erreparatu jokoaren piezei eta esan zenbat unitate karratu dituen pieza bakoitzak.

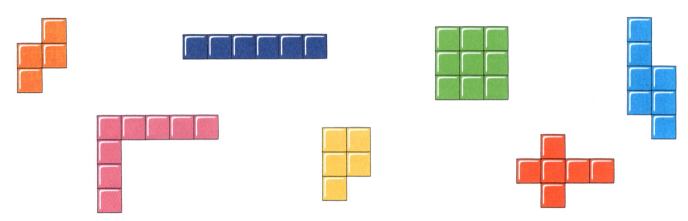

2 Marraztu aldeetatik lotuta dauden lau unitate karratuko irudi posible guztiak.

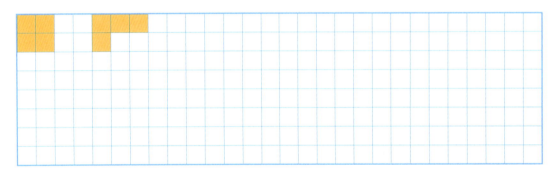

3 Zenbat unitate karratu ditu pieza honek? Honelako zenbat pieza sartzen dira karratuan? Irudikatu.

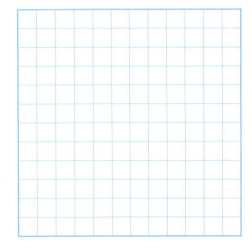

Gainazal-unitateak

> Piezak ahokatzeko jokoa izugarri gustatzen zaio. Kontzentrazio handia eskatzen du!

1 Karratutxo bakoitzaren gainazala cm² batekoa bada, zein da irudi hauen gainazala cm²-tan?

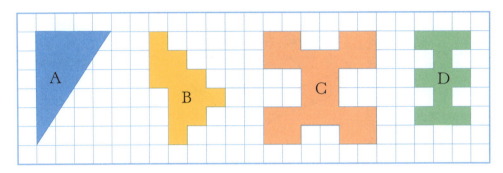

Gogoratu

Gainazalaren neurri-unitate erabilienak metro **karratua (m²)**, **zentimetro karratua (cm²)** eta **milimetro karratua (mm²)** dira.

2 Oierren beste joko batean, zenbait pieza ahokatu eta irudiak egin behar dira. Koadrikulako koadro bakoitzak 1 cm² du. Ahokatu azpiko piezak laukizuzen hauetan, hutsunerik ez uzteko moduan, eta kalkulatu zer gainazal duten cm²-tan.

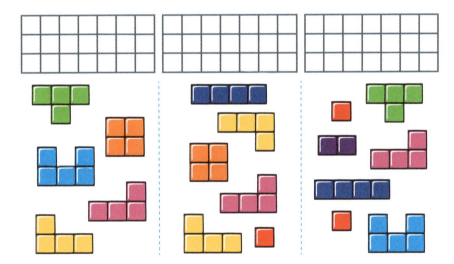

3 Koadrikularen koadro bakoitzak 1 mm² badu, kalkulatu A irudiaren gainazala, eta irudikatu forma desberdina baina gainazal bera duten beste bi irudi.

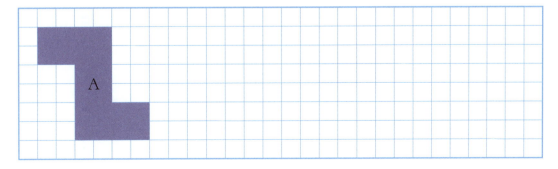

27

Karratuaren perimetroa eta azalera

Erreparatu Oierren ordenagailuko pantailan ageri diren irudi lauei.

Gogoratu

Irudi lau baten **perimetroa (P)** irudiaren inguru osoaren luzera da. **Azalera (A)** irudiaren gainazalaren neurria da.

1 Osatu taula, A-ren aldeak 3,2 cm dituela kontuan izanda.

	Azalera	Perimetroa
A		
B		
C		
D		
E		

2 a) Zenbat karratu daude guztira irudi honetan?

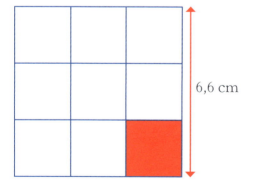

.... karratu daude.

b) Kalkulatu karratu gorriaren azalera eta perimetroa.

Azalera = ... Perimetroa = ...

28

Laukizuzenaren perimetroa eta azalera

> Oierrek sakelako telefonoen, tableten, ordenagailuen edo telebisten pantailei buruzko bitxikeria batzuk kontatu dizkigu.

1 Aintzat hartu Oierrek dioena eta kalkulatu zenbat zentimetro dituen zure monitorearen diagonalak.

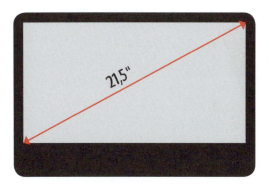

Pantailen tamaina diagonalean neurtzen da. Emaitza hazbetetan adierazten da eta, beraz, hau jakin behar duzu:

1 hazbete = 1″ = 2,54 cm

....

2 Kalkulatu Oierren 32″-ko telebistak zenbateko perimetroa eta zenbateko azalera dituen.

Perimetroa = ... Azalera = ...

3 Oierri zinema ere asko gustatzen zaio eta sarri joaten da pelikulak ikustera, gurasoekin. Areto hau oso gogoko du, bertako pantaila dela eta. Luzeran 16 metro eta altueran 7 metro ditu. Zenbateko azalera betetzen du guztira?

Azalera = ...

29

Erronboidearen eta erronboaren azalerak

> Oier lan handia egiten ari da irudi horiekin guztiekin. Lagunduko diozu?

1 Kalkulatu Oierrek marraztu dituen irudien azalerak.

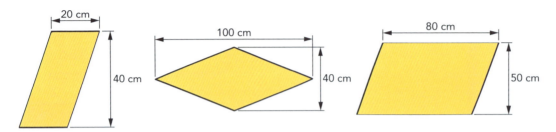

....

2 Oierrek erdian jarri duen laukizuzenaren gainazalak 80 cm² hartzen baditu, zer gainazal hartzen dute beste bi irudiek? Azaldu zergatik.

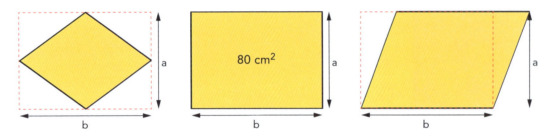

....

3 Erreparatu Oierrek eraikitako irudiari eta lagundu horren gainazala kalkulatzen.

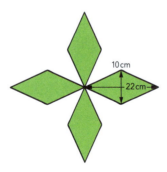

....

30

Triangeluaren perimetroa eta azalera

> Oierrek joko bat planteatu digu, pelikula kutuna zein duen deszifratu dezagun.

1 Kalkulatu honako triangelu hauen azalerak eta lotu emaitza bakoitza letra batekin, mezua argitzeko:

Gogoratu

Triangelu baten azalera triangeluaren oinarriaren eta altueraren arteko biderkaduraren erdia da.

$$A = \frac{o \times h}{2}$$

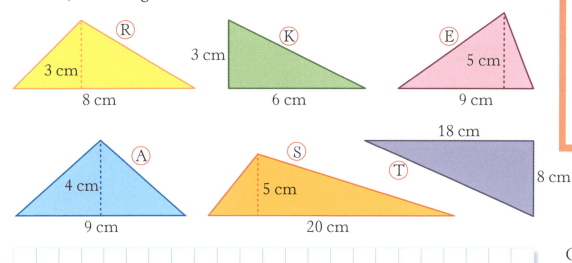

Oierren pelikula kutuna hau da:

50	72	18	12
72	12	22,5	9

2 Aztertu Oierren irudi hau eta kalkulatu zer azalera betetzen duen kolore bakoitzak:

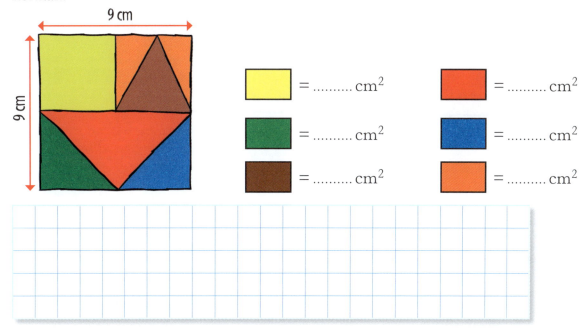

🟨 = ... cm²   🟥 = ... cm²

🟩 = ... cm²   🟦 = ... cm²

🟫 = ... cm²   🟧 = ... cm²

31

PIEZAZ PIEZA Anaya Haritzak sortutako ikasketa proiektua da Lehen Hezkuntzarako.

Koaderno hau egiten honako hauek parte hartu dute:

Edizioa: María Ferrond, Manuel Gil, Margarita Marcos, Joaquín Montón. **Diseinua eta grafikoak:** Patricia G. Serrano, Marta Gómez, Paz Franch. **Irudiak:** José Ángel Labari, Pablo Vázquez. **Maketazioa:** Isabel Román. **Itzulpena:** Itziar Bilbao. **Edizio grafikoa:** Olga Sayans. **Argazkiak:** Anayaren artxiboa (Boé, O.; Martin, J.; H. Moya, B.), 123RF.

Gure liburuek zorrotz aukeratzen eta erabiltzen dituzte edukiak, irudiak eta hizkuntza; genero, kultura edo iritziagatiko **bereizkeriarik** egoteko.

Ikasmaterial honek Hezkuntza Sailaren onespena du (2019-12-02).

© Testuarena: Luis Ferrero de Pablo, José Manuel Gómez Quesada, Pablo Martín Martín, 2020.
© Edizio oso honena: GRUPO ANAYA, S.A., 2020 - Juan Ignacio Luca de Tena, 15 - 28027 Madrid
ISBN: 978-84-698-6859-1 - Legezko Gordailua: M-199-2020 - Printed in Spain.

Eskubide guztiak gordeta. Legeak lan honen edukia babestu eta espetxe-zigorrak edota isunak eta kalte-galeren ondoriozko kalte-ordainak ezartzen ditu honako hauentzat: edozein literatura-lan, artelan zein zientzia-lan, edo horren eraldaketa, interpretazioa edo gauzapena (edozein euskarritan finkatuta edo edozein eratan komunikatuta), oso-osorik edo zati batean, baimenik gabe erreproduzitu, plagiatu, banatu edo komunikatzen dutenentzat.

ET037143/1E1I - 1053189